COMMENT ON VOYAGE EN CROATIE.

LA CROATIE

I

En 114 av. J.-C., le préteur de Macédoine, T. Didius, vainquit les Scordisques, une des tribus de la Pannonie supérieure. Ils habitaient le pays arrosé par la Drave et son affluent la Mur et appartenaient à la race illyro-celtique. Suivant toute probabilité historique, ils avaient, à une époque inconnue, été les premiers occupants de la Croatie actuelle. Renommés pour leur courage, ils se trouvaient, aux yeux des Romains, tout au bas de l'échelle des civilisations. Leurs plus proches voisins, les Iapydes ou Iapodes (Ἰαποδες), de même origine qu'eux, étaient des sauvages qui se tatouaient. Vibius, général d'Auguste, acheva de les soumettre les uns et les autres, en l'an 35 avant notre ère. La prise de Siscia (Σισκία ou *Segesta*, *Segestica*, aujourd'hui Sissak), au sud-est de ce territoire, sur une île découpée par la Save, la Kolapis (Kulpa) et l'Odra, entre Æmona et Sirmium, mit le vainqueur en possession de toute cette contrée.

Cependant les vaincus se soulevèrent en l'an 21 av. J.-C. et ne furent subjugués par Tibère qu'après plusieurs années de guerres pleines de péril. A peine cette insurrection avait-elle pris fin, qu'une autre, plus formidable, éclata en l'an 6 après J.-C., à la suite de l'oppression romaine, sous la conduite d'un Dalmate et d'un Pannonien, ayant tous deux le même nom, Bato. Rome rencontra, en ces circonstances, des adversaires redoutables, qui lui infligèrent plusieurs échecs. Tibère prit lui-même le commandement des armées et défit le chef dalmate, qui se jeta dans la Pannonie. Les deux Bato tinrent ensemble tête au général de Tibère, Cécina Sévère, et allièrent à leur cause une grande partie de la population. La lutte fut acharnée. Germanicus, envoyé contre eux, ne put remporter qu'une victoire partielle, sans réussir à les soumettre. La désunion des ennemis lui vint toutefois en aide. Bato le Dalmate, défait en l'an 8 et fait prisonnier, fut emmené à Rome, où il parut devant Tibère, qui lui fit des promesses de brillante récompense s'il marchait contre son ancien allié. Séduit par cette offre, il attaqua Bato le Pannonien, s'empara de lui et le laissa livrer au supplice; mais il s'aperçut aussitôt qu'il n'était qu'un instrument et un jouet des Romains. Alors il appela toute la Pannonie sous les armes pour lui rendre l'indépendance. Tibère, comprenant la gravité du péril, retourna en Dalmatie avec des troupes aguerries. Bato chercha un refuge dans la forteresse de Salona, où il soutint un long siège; mais, voyant la résistance inutile et ne pouvant décider les siens à capituler, il quitta la ville et ne prit plus aucune part à la guerre. Quand elle fut terminée, il alla implorer, à Rome, le pardon de Tibère, qui le lui accorda. On l'interna ensuite à Ravenne où il mourut. La sujétion des habitants de la Pannonie supérieure fut suivie de leur exode *manu militari*, et le pays devint une province de l'Illyrie. Au partage de l'empire romain, en 395, il fut attribué aux Césars d'Occident.

En 489, les Goths y émigrèrent en masse avec l'invasion germanique. Il demeura pendant près d'un demi-siècle rattaché à l'Italie, jusqu'à ce qu'en 535 Justinien en fit la conquête. D'autres envahisseurs pacifiques, les Slaves, étaient entrés dans le sillon ouvert par les Germains. Ils ne restèrent pas longtemps sans se voir assaillis par les féroces Avares, qui les réduisirent sous le joug jusque dans la seconde moitié du septième siècle.

A ce moment, sous l'empereur Héraclius (vers 638), des colons croates et serbes, qui prirent plus tard le nom générique de Rascii, vinrent remplacer les Avares, exterminés ou repoussés, et cultivèrent le sol, en s'adonnant en même temps à l'élève du bétail. Leur existence sociale ne fut à l'abri des menaces que durant un peu moins d'un siècle. Les Franconiens les soumirent après de longs combats, et la Croatie passa sous la domination de la Bavière, puis de l'Italie. Vers la fin du neuvième siècle, elle accepta l'autorité des empereurs grecs. Devenue, dans ces conditions, un État vassal, elle prit une importance politique, fut florissante et aurait pu compter sur un grand développement si elle n'avait eu deux causes de déclin dans ses discordes intérieures et dans ses conflits avec Venise. Cette situation critique ne l'empêcha point de s'ériger en royaume. Ses souverains prirent à la fin du dixième siècle le titre de rois de Croatie, qui fut changé, au siècle suivant, en celui de rois de Dalmatie; mais cette royauté était plutôt nominale, car les papes régnaient en fait sur le pays. La dynastie royale s'étant éteinte vers le milieu du onzième siècle, le roi de Hongrie Ladislas le Saint s'empara de la couronne croate.

La lutte recommença avec les Vénitiens, qui, déjà maîtres du reste de la Dalmatie, qu'ils protégeaient contre les Turcs, revendiquaient tout le royaume. La bataille de Zara, en 1117, parut décisive; mais en 1168 l'empereur de Byzance conquit la Croatie au profit du roi de Hongrie Bela, qui n'y prit toutefois le pouvoir qu'après la mort de son protecteur.

Bela ne fut, au vrai, pas le maître du royaume reconstitué de Croatie et de Dalmatie, recouvrant son autonomie. Celle-ci subsista jusqu'en 1342, date de l'avènement de Louis le Grand, fils de Robert d'Anjou, au trône de Hongrie. Ce prince, l'un des plus glorieux du moyen âge, réunit sous son sceptre la Dalmatie, y compris la Croatie, la Slavonie, la Transylvanie ; près de deux siècles s'écoulèrent ensuite sans laisser de traces distinctes dans les annales croates, confondues avec celles de la Hongrie, qui fut réunie avec toutes ses possessions, de même que la Bohême, en 1526, à l'Autriche sous Ferdinand de Habsbourg, frère de Charles-Quint et fils de Philippe le Beau et de Jeanne la Folle.

Au seizième siècle les Turcs conquièrent une partie de la Croatie, mais rétrocèdent à l'Autriche en 1699 par la paix de Carlowitz le territoire croate situé sur la rive gauche de l'Unna. Les Croates suivent alors la destinée des empires dont ils sont tour à tour l'apanage. Napoléon Ier décrète en 1809 que tout le pays à la droite de la Save fera partie de l'empire français, et ce nouveau régime se maintient jusqu'en 1814. Les événements de cette année, fatale pour la France, changèrent encore la carte austro-hongroise. La Croatie avec la Slavonie formèrent dès ce moment des *partes adnexæ* de la Hongrie. Mais ce n'était pas la fin de leurs vicissitudes.

II

Le réveil des nationalités en 1848 se produisit en Autriche dès le lendemain des journées de Février en France. Le faisceau qui était dans les mains des Habsbourg avait trop peu de lien pour ne pas se rompre sous cette impulsion. Toutes les haines de race se rallumèrent, et chacune d'elles fomenta une insurrection. Allemands, Magyars, Slaves, Italiens, réclamèrent à la fois leurs privilèges séparatistes. A Prague et à Vienne, Windischgraetz réprima les révoltes; dans l'Italie autrichienne, Radetzky écrasa la révolution. Celle de Hongrie dura plus longtemps, et ne fut vaincue qu'avec le concours de la Russie. Les Magyars avaient obtenu de la cour de Vienne un ministère hongrois responsable devant la Diète. Ils ne se contentèrent pas de cette concession et voulurent s'arroger la suprématie sur les divers éléments slaves, qui avaient des intérêts communs avec eux. Cela commença par une querelle de langue, qui se transforma bientôt en lutte ardente, politique autant que littéraire.

Tant que les discussions se renfermèrent dans ce dernier domaine, elles ne furent qu'un écho du panslavisme, prétendant aux mêmes droits que les autres divisions ethniques de l'empire. Mais les passions s'envenimèrent dès que les Hongrois voulurent peser d'un poids dominant dans la balance. En vain l'empereur essaya-t-il, pour apaiser les esprits, d'atermoyer. La langue magyare était déclarée officielle dans les délibérations parlementaires, mais les Croates furent autorisés à voter en latin pendant les six années qui suivraient la mise en vigueur de cette loi. En outre, bien que le hongrois fût adopté exclusivement dans la rédaction des pièces légales et dans celles de la chancellerie, des tribunaux, etc., la Croatie bénéficia d'une exception à cette mesure. Le différend se concentra dans le comitat d'Agram, où la majorité échut tantôt à la noblesse magyare (Turopol) et à ceux qui votaient avec elle, tantôt aux députés croates.

Le parti magyar défendait les idées libérales, les Croates étaient les représentants de l'intolérance et des privilèges. Mais ils changèrent d'attitude quand leurs commettants, s'inspirant des idées de la Révolution française, demandèrent l'égalité des impôts, l'abolition des dîmes et du servage, la responsabilité des juges, la liberté de la presse, de l'instruction, des croyances, de la pensée et de la parole. Les Magyars s'associèrent à ce vœu d'émancipation sociale en réclamant non seulement le libre exercice de tous ces droits, mais aussi l'indépendance nationale. La paix ne fut toutefois qu'apparente, et ce ne fut pas même une trêve. Le baron Jellachich, nommé *ban* (souverain ou chef du pouvoir en Croatie), reprit les hostilités. Il était l'âme du mouvement slave, mais ne voulait pas sacrifier à celui-ci sa fidélité à la dynastie des Habsbourg. L'incendie se propagea rapidement, surtout quand le patriarche de Carlowitz, Rajatschich, eut présidé publiquement au sacre du ban dans la cathédrale d'Agram.

Nous ne raconterons pas ici dans tous ses détails l'histoire, d'ailleurs très connue, de la lutte des Magyars sous leur dictateur Louis Kossuth, lutte terminée par la capitulation de Bathyany à Vilagos, par l'exécution de Louis Georgey, premier président du premier ministère hongrois; par le supplice des généraux hongrois, qui furent pendus ou fusillés; par la condamnation au *carcere duro* de milliers de patriotes, et les cruautés commises à l'égard des femmes, cruautés qui rendirent odieux le nom de Haynau. Dès le début de l'insurrection, le ban Jellachich franchit la frontière hongroise avec 40,000 hommes (11 septembre 1848). Pendant la campagne d'hiver (1848-1849), il opéra sous le commandement de Windischgraetz, et, nommé feldzeugmeister en mars 1849, il prit la direction de l'armée autrichienne dans le sud de la Hongrie, mais fut battu le 14 juillet à Heyges. Après la paix, il reprit possession du banat et fut nommé comte. Il mourut à Agram en 1859.

La Croatie et la Slavonie avec Fiume avaient obtenu en 1849 une Diète locale ayant pour siège Agram. Le ban était responsable devant cette assemblée. La Constitution de 1868 les fit rentrer dans la monarchie austro-hongroise en les admettant dans l'*Orszagyülés* (Diète hongroise) avec le droit de siéger à la *Table des députés* (*also haz*), où ils ont trente-quatre membres pour la Croatie et la Slavonie et un pour Fiume. Les anciens *confins militaires* slavo-croates, supprimés déjà en 1869, ont été définitivement rattachés à la couronne le 1er août 1881. Outre la diète locale d'Agram, l'administration de ce pays comprend huit comitats, divisés en cercles et en villes libres.

Les principaux centres sont: Agram (Zagreb), qui a 37,000 habitants. C'est la capitale de la Croatie-Slavonie, le pivot de tout le mouvement intellectuel Yougo-Slave (Slaves du sud). Viennent ensuite, par ordre d'importance: Fiume (Rjeka), grand port de commerce de l'Adriatique (30,000 habitants); Belwar (21,000), grand marché de céréales; Essek (18,000), marché aux grains et aux bestiaux; Varadzin (9,000) et Carlstadt (7,000), places fortes. Dans les six districts que forme l'ancienne frontière militaire se trouvent Péterwardein (5,000 habitants), l'arsenal et le Gibraltar hongrois; Carlowitz (4,000), renommé pour ses vignobles; Semlin (10,000), station de commerce sur le Danube; Mitrovitza (6,000), où sont les ruines de l'ancienne Sirmium, patrie de l'empereur Probus, et célèbre par l'héroïsme de sa population dans la guerre des Daces. Les comitats sont administrés par la *Skoupstchina* (assemblée) et par un chef du pouvoir exécutif (*Ober-Gespann*).

III

Bien différente de ce qu'elle était aux temps lointains des Scordisques et des Iapodes, la Croatie d'aujourd'hui a pris, de progrès en progrès, un rang enviable dans l'évolution intellectuelle et littéraire du dix-neuvième siècle. A vrai dire, cette vie intellectuelle remonte à une époque très reculée, et il est possible d'en constater la sève dans les anciennes légendes, qui reflètent, comme dans toutes les nations slaves, les aspirations du peuple. Cependant elle ne s'affirma que lorsque Cyrille et Methode, les vrais fondateurs de la société slave, eurent créé la langue populaire par l'introduction de l'alphabet cyrillique et par la traduction des Évangiles, dans la seconde moitié du neuvième siècle. Après eux, leur œuvre fut continuée par leurs disciples, et le progrès littéraire ne fait qu'un avec celui de la religion. Les lettrés sont des moines ; les écrits, des travaux de théologie. Quelques rares chroniques font exception à la règle. Toute cette première période est par là même dépourvue d'originalité. Elle s'enferme dans le moule du moyen âge, qui reçoit l'empreinte de la scolastique, celle-ci procédant littérairement de Rome et indirectement de la Grèce.

C'est dans la seconde période qu'apparaît la florescence des lettres croates. La nation était morcelée. Pomme de discorde entre les rois de Hongrie et les doges de Venise, la Croatie passe de l'un à l'autre, pendant que les Turcs la convoitent ou la divisent. Au milieu de ces calamités, la lutte pour l'existence nationale paralyse tout autre effort. Il semblait que la nuit dût s'étendre et s'abaisser, profonde et noire, sur les intelligences croates, et il en aurait sans doute été ainsi pour longtemps si la lumière ne s'était tout à coup montrée à l'Occident. Cette lumière vint de la Dalmatie, et principalement de Raguse, qui jouissait de la liberté politique, de la prospérité commerciale et surpassait toutes les autres villes du pays dans toutes les manifestations de la civilisation. Raguse fut de cette manière l'initiatrice de la nouvelle ère intellectuelle. Par leurs relations avec les centres les plus considérables du monde civilisé, les Dalmates se familiarisaient avec les grandes idées des promoteurs de la réforme littéraire; ils étaient en contact avec les maîtres de la poésie italienne; mais, en recevant l'influence de ceux-ci, ils n'abdiquaient pas entièrement leur propre fonds de tendances. Les écrivains dalmates du quinzième siècle connaissent et imitent Pétrarque dans le genre lyrique, le Tasse et l'Arioste dans l'épopée; ils s'essayent aussi dans la tragédie et la comédie. A leur tête figure Marko Marulic (1450-1524), dont les poèmes ont un accent religieux (*Judith, Suzanne, la Passion de Jésus*), mais éclatent en hymnes patriotiques à l'heure du danger national, telle sa *Prière contre les Turcs*, une Marseillaise. Marulic est le chef de la pléiade de Spalato. A ses côtés se groupent Jérôme Popalic, Joro Martincic, Nicolas Matulic, François Bozicevic.

En même temps, une autre impulsion est donnée par Raguse, l'Athènes des Yougo-Slaves. Les deux chefs de ce mouvement sont Sisko Mencezic et Gjoro Drjic, auxquels il faut joindre Mavro Vebranic, qui, pour se consacrer tout entier aux lettres, se réfugia dans un couvent en faisant l'abandon de tous ses biens. Ses grands poèmes : *l'Ermite, la Résurrection du Christ*, se distinguent par la force et la clarté de l'expression ; il est aussi le créateur des « mystères », première forme du théâtre croate, comme du théâtre français. De cette même époque datent André Cubranovic (1500-1550), Nicolas Naljeskovic (1510-1587), ce dernier renommé par ses comédies. Le seizième siècle est illustré aussi par Dinko Ranjina, qui traduit en langue croate les classiques de l'antiquité.

Au dix-septième siècle paraît Jean Gundulic (1588-1638), la gloire de la littérature croate. Il débute par des traductions de l'italien, entre autres par *la Jérusalem délivrée* du Tasse ; mais il révèle bientôt son originalité dans la lice dramatique (*Cléopâtre, l'Enlèvement de Proserpine, Ariane*) et dans un genre plus national, *Dubravka*, drame pastoral, dont le sujet est l'affranchissement de Raguse). Le chef-d'œuvre de Gundulic est son épopée, *Osman*, qui retrace la lutte entre les Croisés et les Turcs, en opposant les bienfaits de la civilisation chrétienne aux maux du fanatisme superstitieux. Un autre génie, mais de moindre envergure, fut Junius Palmotic (1605-1657), dont l'épopée, *la Christiade*, offre de grandes beautés.

La puissance et l'éclat littéraire de Raguse disparurent dans les ruines de la ville détruite par le tremblement de terre de 1667. Sur ces ruines s'élevèrent des écoles dirigées par les congrégations religieuses, qui revinrent aux programmes des humanités latines. Peu à peu, les poètes dalmates cessèrent leurs chants. Un seul, le bénédictin Ignace Gjorgjic (1676-1737), continua à écrire dans la langue du pays. Un moine franciscain, André Kacic Mivosic (1690-1760), imita, mais faiblement, son exemple. Ils furent les derniers représentants de la période florissante.

Il faut descendre alors jusqu'au commencement du dix-neuvième siècle pour retrouver la vie littéraire en Croatie. Elle dut son réveil à l'un des auxiliaires de Jellachich, le docteur Louis Gaj, qui entreprit de faire renaître la Croatie intellectuelle. Gaj est une des figures contemporaines les plus dignes d'étude. Né en 1809 à Krapina, que l'on a souvent appelé le foyer des légendes croates, il entra dans la carrière littéraire à vingt-six ans, en fondant le premier journal croate (1835), qui prit pour devise : « Un peuple sans nationalité est un corps sans os. » Grâce à lui, à ses efforts persévérants, les Croates se ressaisirent et resoudèrent la chaîne de leurs traditions. Il leur montra la voie de la liberté, qui ne peut être autre que celle de l'expansion intellectuelle. Avant lui, ils n'avaient plus conscience de leur force nationale, mais le sol où il jeta la semence nouvelle était fécond. Ses idées furent bientôt accueillies avec enthousiasme. Tous ceux capables de tenir une plume se rangèrent autour de lui, et en quelques années la littérature croate fut légion. Lorsque Gaj mourut, en 1872, chargé d'ans et de gloire, la cause était gagnée.

Cette cause implique celle du séparatisme croate. Les Yougo-Slaves peuvent maintenant attendre les événements. Le jour où la monarchie austro-hongroise se démembrera, ils auront voix au chapitre, non seulement au nom de leurs intérêts politiques, mais au nom de leur existence intellectuelle, dont personne ne saurait, malgré les contradictions et les dénégations des pessimistes, plus mettre en doute le magnifique essor.

Charles Simond.

INTÉRIEUR DU CLAN BOROVÈZ.

AGRAM

Nous traversâmes la Save, et Agram nous apparut au milieu de la plaine, découpant dans la limpidité tranquille du ciel les clochers et les tours de sa cathédrale entourée de murailles crénelées comme une forteresse sainte, et couronnant la colline sur les flancs de laquelle s'étage pittoresquement la ville. Cette église semble avoir conservé l'aspect batailleur de ces évêques d'Agram qui quittaient souvent l'autel au milieu du service divin pour prendre le casque et la cuirasse et monter, à la tête des fidèles, sur les remparts menacés par les hordes turques.

L'expédition de Bosnie prêtait alors aux abords de la gare un aspect belliqueux. En gagnant la ville, nous vîmes des tentes, des baraquements, des cantines, des fourgons et des canons; des sentinelles allaient et venaient ; des estafettes partaient au milieu d'un tourbillon de poussière; des hommes appelés la veille arrivaient en colonne, conduits par un sergent; ils étaient nu-pieds, nu-tête, vêtus seulement d'une méchante chemise en lambeaux et d'un pantalon de toile rapiécé. C'était de leur part un calcul bien entendu que ce pauvre accoutrement dont un fripier n'aurait pas voulu; dès leur arrivée au camp, on les alignait devant des monceaux de chaussures, de pantalons, d'uniformes et de chemises neuves, qu'ils choisissaient selon leur taille. Le spectacle de ces paysans se transformant ainsi en soldats en plein champ, s'habillant de pied en cap comme s'ils sortaient d'un bain, amusait beaucoup les badauds, qui riaient en se communiquant leurs remarques.

Il était quatre heures lorsque nous entrâmes à Agram. Le premier aspect de cette ville est horriblement froid. Le masque de pierre des maisons semble impénétrable, et, si quelques portes sont entre-bâillées, on dirait que c'est d'ennui. Les rues, presque sans animation, offrent un mélange peu intéressant de constructions modernes très prétentieuses et d'anciennes maisons si petites qu'on pourrait, semble-t-il, les emballer dans une caisse. Représentez-vous des façades de trois ou quatre mètres de haut sur autant de large avec une porte et deux fenêtres. Mais, heureusement dans toute la ville il y a autre chose pour l'observateur que des murs et des moellons. — Cherchez l'homme, dirai-je aux voyageurs. L'homme a beau se cacher, on finit toujours par le découvrir, et quel sujet d'étude plus vaste et plus profond!

PAYSAN CROATE.

Une ruelle sombre et irrégulière conduit à la ville haute, qui est la ville primitive, encore entourée d'une partie de ses remparts. Après la conquête de la Bosnie, les Turcs se répandirent comme une tache d'huile dans le bassin de la Save et dans toute la Croatie. Des bandes de musulmans erraient sous les murs d'Agram, qu'ils menaçaient sans cesse. C'est alors que les Croates se rattachèrent par le lien d'une union personnelle à Ferdinand d'Autriche, roi de Hongrie, et que ce sage monarque établit un cordon militaire, sur les bords de la Save et de l'Una, afin de mettre le pays à l'abri des incursions des Turcs. — Le palais du ban, le palais de la Diète, le palais archiépiscopal, la cathédrale, l'église Saint-Marc, qui date du XIIIe siècle, l'Université, se trouvent dans cette partie de la ville.

L'université d'Agram est célèbre dans l'histoire du slavisme. Elle a affranchi les Yougo-Slaves des universités allemandes. C'est à l'évêque Strossmayer, un des grands promoteurs de cette croisade intellectuelle, qu'on en doit la fondation. Ce riche et généreux prélat a également institué une société d'histoire et d'archéologie nationales qui distribue des subsides aux écrivains et aux artistes et publie chaque année, à ses frais, comme la société *la*

Matrica, des ouvrages en langue croate, opposant ainsi une barrière à l'invasion des livres allemands.

Agram a aussi une académie des sciences et des belles-lettres qui s'occupe de la rédaction d'un grand dictionnaire croate. Enfin

ENTRÉE D'UN VILLAGE CROATE.

la capitale de la Yougo-Slavie possède une académie de musique où se forment des chanteurs nationaux, qui, chaque hiver, jouent des opéras originaux ou traduits en langue slave.

Cet idiome, qui n'a pas de voyelles aiguës, se prête admirablement au chant et à la musique. Entendre parler croate, c'est presque entendre chanter, aussi le peuple a-t-il un goût inné pour la musique. A Agram il y a trois ou quatre sociétés de chant, et, dans les campagnes, nous verrons plus tard que les travaux se font en chantant. Dans les églises, pendant la messe ou les offices, tout le monde chante, mais en croate. C'est un privilège qui a été accordé par les papes aux habitants de ces frontières, en reconnaissance des luttes héroïques qu'ils ont soutenues contre les infidèles. Rien de plus beau, de plus solennel, de plus imposant et de plus touchant que ces mélopées lentes et graves, d'une pureté exquise, d'un vieux rythme suave, rappelant l'époque de Louis XIII, et qui résonnent avec une majesté mélancolique sous les voûtes des sanctuaires, où les jeunes filles se tiennent agenouillées toutes ensemble devant des autels ruisselants d'or, resplendissants d'un luxe oriental.

Le palais de la Diète, qui s'élève à côté de l'église Saint-Marc, est une grande maison badigeonnée de vert, ayant l'apparence peu élégante d'une caserne. La Diète croate, dont tout noble fait partie, rappelle les anciens États de Bourgogne et du Languedoc. Le droit d'y siéger s'acquiert avec la propriété de certaines terres. Je sais un Français qui possède aux environs d'Agram un domaine seigneurial auquel est attaché ce privilège : s'il renonçait à sa nationalité, il serait député de la Diète.

L'ouverture et la clôture de cette assemblée se font avec une pompe et un apparat qui rappellent le moyen âge. Le ban, qui préside la Diète, arrive dans une voiture dorée traînée par quatre chevaux caparaçonnés, avec son cocher et ses domestiques en livrée bleue, coiffés de chapeaux à plumes, tout couverts de brandebourgs et tout étincelants de galons. Les magnats semblent eux-mêmes costumés pour une grande féerie militaire. L'attila chamarrée de brandebourgs dorés serre leur taille ; sur leurs épaules, retenu par une chaîne d'or enrichie de pierres précieuses, flotte un manteau de velours garni de riches fourrures ; le kalpak, avec la plume de faucon fixée au moyen d'une broche de brillants ; les bottes ornées d'éperons d'or, le sabre recourbé en forme de cimeterre, trophée d'armes provenant de quelque champ de bataille, suspendu à une ceinture d'or incrustée de pierreries, complètent cet éblouissant habillement, qui est le même que celui des magnats hongrois, lesquels l'ont emprunté aux Slaves, à leur arrivée dans le pays, que ceux-ci tenaient avant eux. Il ne faut pas quitter la ville sans aller voir le musée des antiquités et le muséum d'histoire naturelle. La faune croate est une des plus riches que je connaisse. Combien j'ai regretté de n'avoir pas eu le temps de chasser sur les bords de la Save l'ibis noir, l'échasse blanche, le cygne noir, la spatule blanche, la macreuse, la grèbe huppée, le pélican et l'aigrette blanche !

On trouve également en Slavonie l'ours et l'aigle impérial. L'archiduc Rodolphe, chasseur passionné, venait souvent, en compagnie du professeur Brehn, avec lequel il a rédigé une monographie des aigles, leur donner la chasse dans les Confins.

On sait que l'aigle impérial, plus faible que l'aigle fauve, et moins agile que l'aigle doré, niche sur les arbres, dans le voisinage des lieux habités, et souvent même sur le sol. Sur les bords de la Save, il se nourrit d'oiseaux aquatiques, qu'ils prend en revenant sur eux sans relâche jusqu'à ce qu'ils n'aient plus la force de plonger. Il s'élance aussi sur le faucon, auquel il arrache sa proie.

Dans la cité basse, groupée au pied des deux collines sur lesquelles s'élèvent, d'un côté, l'église Saint-Marc, avec son toit bariolé de tuiles de couleur, et de l'autre, la cathédrale, enfermée dans son enceinte crénelée, flanquée de quatre grosses tours, tout indique une nouvelle ville en formation. Les boutiques prennent des airs de magasin, les rues sont bordées de trottoirs, les places sont transformées en jardins anglais ou ornées de quelque monument.

Au milieu de la place Jellachich, sur laquelle se tient le marché, on voit la statue de bronze du fameux ban ; il lève son épée comme s'il chargeait à la tête de ses troupes.

Si Agram n'est pas riche en monuments et en édifices, si ses rues sont monotones et silencieuses, quelles promenades charmantes, par contre, à ses portes ! Le parc Massimir est un bois de Boulogne grandiose, avec des allées séculaires baignées d'ombre, de vastes pelouses veloutées, d'un vert humide, émaillées de fleurs qui forment comme de grandes broderies de tapis.

Derrière la ville haute s'ouvre la jolie vallée de Saint-Xavier, au fond de laquelle les faubourgs d'Agram égrènent leurs maisonnettes blanches et carrées comme des dés. Le chemin décrit un demi-cercle au milieu des bosquets et des vergers, puis pénètre dans une seconde vallée, celle de Tuskanac. Çà et là, sur des collines riantes, piédestaux de verdure, s'élèvent d'anciennes ruines féodales dont il ne reste plus que des pans de murs déchiquetés, comme des fragments de mâchoires monstrueuses d'animaux fossiles. Dans le lointain, le Sleimen dresse sa croupe hérissée de sapins noirs.

Le soleil était doux, l'air, bleu, et il y avait sur les haies un charmant mélange de fleurs épanouies et de boutons entr'ouverts. Aux arbres pendaient des fruits naissants, encore dans leurs langes cotonneux. On était à cette époque de l'année qui est comme le dernier couplet de la chanson du printemps, et qui rappelle la transition de l'adolescence à la jeunesse. L'été va commencer. La nature a la beauté d'une mère qui sent tressaillir le fruit de ses entrailles. Une teinte plus sérieuse est répandue sur les prés et les hauts herbages ; les feuilles, qui ont atteint leur croissance, luisent d'un beau vernis bronzé.

J'étais seul. Lentement le crépuscule tombait comme une poussière grise, et machinalement j'avais ralenti le pas. Qui n'a savouré le charme intime de ces promenades solitaires, à la tombée de la nuit, au milieu d'un paysage inconnu, aux abords d'une ville où l'on arrive pour la première fois? On regarde autour de soi avec des yeux attendris, on écoute les oiseaux comme pour comprendre ce qu'ils disent, et on leur adresserait la parole, s'ils ne s'envolaient à votre approche. Puis, tout à coup, le regard se noie dans les profondeurs pâlissantes de l'horizon, et c'est la patrie qu'on revoit, la famille absente. Paris si animé, si vivant, si brillant à cette heure, alors que les boulevards s'encombrent d'une foule bigarrée, que les voitures passent rapides comme la roue de la Fortune, que les bureaux d'omnibus ressemblent à des ruches qui essaiment, et que, du milieu des ponts, on voit le ciel se coucher sur les cimes du Trocadéro, en faisant surgir dans la brume dorée, sur les bords de la Seine, le merveilleux mirage d'une cité orientale avec ses minarets élancés et ses hautes tours blanches, qu'on prendrait pour un grand vol de colombes arrêtées dans l'azur. Heures du soir, douces heures de nostalgie et de rêverie après la journée de travail et de fatigues, vous ouvrez la porte d'ivoire des illusions et des songes, et vous emportez l'âme sur les petits nuages roses qui filent comme des voiles dans l'océan du ciel!

PAYSANNE CROATE.

La nuit était tombée. Un souffle plus embaumé, plus pénétrant, venait des champs, et une mélancolie caressante sortait des bruits mourants et des adieux des êtres et des choses se disposant au sommeil. Les coupoles des arbres, un instant auparavant bourdonnantes de chansons comme la tête d'un poète, étaient silencieuses et formaient çà et là de gros paquets noirs, informes. Les haies, couvertes de draperies de liserons et d'aristoloches, semblaient tendues d'un crêpe. De hautes herbes, quelques vers luisants allumaient leur petite lanterne comme des personnes prudentes.

Tout à coup la porte d'une *gostina* (auberge) s'ouvrit, et deux ombres se détachèrent du seuil éclairé. Puis la porte se referma, tout rentra dans la nuit; mais, sous les arceaux de la forêt, une voix vibrante s'éleva, à laquelle une seconde voix plus douce, plus pénétrante, s'unit, d'où il résulta un duo délicieux. On aurait dit une fauvette et un rossignol qui chantaient.

UNE FERME CROATE.

Les deux voix s'éloignaient à mesure que je marchais.

Et en bas, au pied de la colline, les toits d'Agram montaient comme une marée argentée, tandis qu'au bout du chemin, entre les branches mortes d'un arbre, les deux cornes recourbées de la lune se dressaient comme une apparition diabolique.

Agram à la physionomie froide et vulgaire devient sympathique à mesure qu'on la connaît, et l'on finit par se trouver, avec une sensation de bien-être que je ne saurais dire, au milieu de sa bonne et honnête population. Le Slave du sud est vif, intelligent, très doux, très poli, cordial et plein de prévenance envers l'étranger. Je dois ajouter qu'il met autant de soin à rechercher la compagnie des Français qu'il en met à éviter celle des Allemands, auxquels il a donné le surnom de *nemet*, c'est-à-dire de muets, de têtes de bois.

Dans les contrées primitives, dans les villes qui tiennent encore du village, les jours de semaine n'ont pas de relief et sont ordinairement plats et ennuyeux. On rencontre des gens sales, mal vêtus, éreintés de travail. Mais vienne le dimanche, la transformation est complète; c'est un changement de chemises à vue. Heureux serait le voyageur qui pourrait s'endormir chaque lundi dans sa malle pour ne se réveiller que le samedi soir! Comme il verrait l'humanité sous un aspect plus riant, plus gai, plus pittoresque et surtout plus propre! Le dimanche, la jeune fille met sa plus jolie robe, je devrais dire sa plus belle chemise, puisque je suis en Croatie; elle se pare de tous ses atours, se fait pimpante, piquante et coquette. Le matin, les églises retentissent de chants pieux; le soir, les cabarets résonnent d'hymnes bachiques; après la messe, on s'attable autour d'un joyeux festin; après vêpres, danse.

Ce sont des scènes charmantes, pleines de contrastes et de couleur, comme dans un opéra comique de bon aloi: ici, paysans et paysannes tourbillonnent aux accords d'un orchestre rustique, à l'ombre des ormes verts; là, ils boivent du vin clairet sous la tonnelle d'un jeu de coquilles; plus loin, assis sur un tronc d'arbre devant leur maisonnette, on voit les vieux au chef branlant, qui discutent sur le prix de l'avoine ou s'entretiennent de la nouvelle servante du curé. Tous sont endimanchés, galamment attifés. On se croirait encore à l'époque des gros baillis à trogne purpurine, des châtelaines et des troubadours. Ces costumes, ces chants, ces danses, n'appartiennent pas à notre siècle prosaïque et niveleur; les costumes sortent de quelque antique bahut aux peintures naïves ou aux sculptures bizarres; les chants parlent de choses pleines de tendresses qui ne sont plus aujourd'hui ni dans les cœurs, ni sur les lèvres; les danses sont soumises à des règles surannées et obéissent à des rythmes lents et solennels. C'est tout un passé, chaud de tons comme les vieilles tapisseries du seizième siècle, qui ressuscite pour un jour devant vos yeux enchantés. Agram était méconnaissable.

Les rues avaient été balayées; les cuivres des portes brillaient comme de l'or; des pots de fleurs embellissaient les fenêtres; un souffle de printemps semblait avoir dégelé et épanoui la ville, qui me semblait si triste la veille, et maintenant je sentais vivre, j'entendais rire et parler! Les devantures des boutiques juives flamboyaient, pareilles aux buissons bibliques du Sinaï; des équipages passaient au grand trot, traînés par de petits chevaux fringants et échevelés. Autrefois les nobles seigneurs des environs ne venaient à Agram qu'en voiture attelée de douze chevaux, ou couchés, à la manière des rois fainéants, dans un chariot tiré par dix paires de bœufs. Les cloches des églises sonnaient à folles volées, et de la chambre de mon hôtel je voyais défiler, comme une longue procession, les paysannes vêtues de leur chemise et coiffées de leur mouchoir rouge.

Quelle gaieté dans tous ces costumes! Quel régal d'appétissantes couleurs! Les yeux sont en paradis. Et comme sous ce beau soleil aux reflets ambrés la soie des foulards prend des cassures chatoyantes, les boutons d'argent miroitent, les fausses pierreries des colliers étincellent!

Quelques femmes ont la taille serrée dans une espèce de veste fourrée, une *cabanitza*, d'un ton saumon clair, toute ramagée de découpures en cuir et relevée de broderies formant des arabesques et des fleurs.

Les femmes mariées seules ont le privilège d'ajouter des manches à cette veste.

Un foulard aux couleurs éclatantes, porté à la main ou noué à la ceinture; une paire de bottes, des colliers de corail à quadruple rang et de petits miroirs épinglés à la taille, voilà tout l'arsénal de coquetterie d'une paysanne croate. — Pendant la semaine, la croate marche nu-pieds, pour économiser sa chaussure. A la campagne, on rencontre à tout instant des femmes qui s'en vont à la messe, les dimanches, portant leurs bottes à la main ou sur l'épaule; elles ne se chaussent que sur le seuil de l'église et se déchaussent en sortant.

Quant aux paysans, leur costume est celui-ci : un petit chapeau, rond de calotte, aux ailes étroites et relevées, orné de plumes multicolores, de petits miroirs et de galons; une chemise aux manches bouffantes, aux poignets brodés, au plastron étoilé de gros boutons d'argent. La chemise est serrée à la taille par une ceinture de cuir et flotte en mille plis sur le pantalon, ce qui a fait dire à un savant voyageur allemand, qui avait oublié ses lunettes, que les paysans croates portaient des jupons blancs. Un gilet de drap bleu, galonné dans le dos de soutaches jaunes ou rouges, et orné par devant de triples rangées de boutons de métal, prend la taille et tranche sur la blancheur de la chemise. De larges culottes de toile aux bords frangés descendent jusqu'au-dessous du genou sur la botte reluisante. Un sac en tapisserie, — une « torba », — formée de longs flocons en laine rouge, suspendue à une bretelle de cuir historiée, complète l'habillement. Cette torba, que le paysan porte toujours en bandoulière, remplace les poches absentes de son pantalon.

Descendu dans la rue, j'emboîtai le pas derrière deux jeunes paysannes qui se dirigeaient du même côté que moi, en se donnant la main. Elles s'arrêtèrent devant un magasin de nouveautés dont l'étalage était orné d'un mannequin à tête de femme, vêtu d'une longue robe à traîne; cette toilette dut leur paraître du dernier grotesque, car elles se prirent à rire à gorge déployée d'un rire fou, — comme nous ririons d'elles chez nous, si elles s'avisaient de

LA FOIRE D'AGRAM.

venir se promener sur nos trottoirs dans le trop simple appareil de leur costume national.

Au bout de la rue, elles s'arrêtèrent de nouveau devant la boutique d'un marchand de tabac, qui joignait à son commerce de pipes et cigares celui des objets de curiosité. Elles s'extasièrent devant une serviette brodée de feuillages fantastiques, or et vert, aux branches violettes supportant des fleurs rouges aux étamines d'or. Ces dessins éblouissants tenaient de la magie, on aurait dit qu'ils avaient été tracés par la baguette d'une fée.

VUE D'AGRAM.

Quant à moi, je couvais de regards brûlants de convoitise de magnifiques bouquins d'ambre, cerclés de turquoises et de perles; des calices et des ciboires en vermeil, profanés peut-être par la lèvre de quelque bandit; des sabres turcs à lame recourbée et ornée de versets du Coran. Je m'enivrais à la vue de tapis asiatiques dont les vives couleurs avaient poétiquement pâli sous le souffle du temps. Il y en avait un surtout qui était superbe, formé d'un dessin pareil à une baie mauresque ouverte sur un ciel incendié par la pourpre d'un beau soir; des colonnettes, légères et ténues comme des fuseaux, se dressaient sur des socles qui semblaient incrustés de marbres de diverses couleurs, comme les mosaïques de Venise; la bordure était fauve et tigrée, de composition et de ton barbares.

Un autre de ces tapis ressemblait à une verrière de cathédrale gothique, avec ses losanges, ses roses, ses arabesques si tendres, si suaves, si délicatement gaies.

Mon regard se baignait avec des sensations toutes physiques dans ces nuances si douces, fraîches et limpides comme les flots d'un lac que caressent les rayons du soleil couchant.

Ah! les beaux rêves que font naître ces tapis d'Orient avec leurs mélodies muettes de couleur! Pas une fausse note dans ce merveilleux concert de nuance : tout est rythmé, harmonieux, d'un charme pénétrant, d'un sobriété de moyens surprenante, d'une richesse d'invention inouïe. En voyant ces petites fleurs jaunes sur un fond bleu transparent, ne croiriez-vous pas que vous avez sous vos pieds un morceau de nuit étoilée découpé dans le ciel de Smyrne ou de Bagdad, la ville des colombes et des roses?

Il y a dans chaque couleur de ces tapis quelque chose qui éveille les idées ou qui berce la rêverie. Ces tisseurs turcs, auxquels le Coran interdit la reproduction de la figure humaine, travaillent sans modèle, au gré de leur fantaisie, et il faut qu'ils soient de grands artistes et de vrais poètes pour exprimer ainsi, par la simple combinaison des nuances habilement assorties, des pensées et des sentiments qui parlent aussi bien à l'âme et aux sens que les plus éloquentes compositions musicales.

Les deux paysannes avaient disparu pendant que j'étais transporté en plein Orient, à cent lieues d'Agram et de sa fontaine.

Je suivis le trottoir, et j'arrivai sur la place Jellachich, qu'égayaient les vêtements bariolés et pittoresques de la foule, où la note blanche dominait. Je me sentais honteux de me promener en veston étriqué au milieu de ces paysans et ces paysannes dont le costume est à la fois si simple et a tant d'ampleur. Ces gens comprennent bien mieux que nous le confort, et savent se mettre à l'aise avec une décence qui rappelle l'âge d'or.

Voici deux enfants des bords de la Save; on dirait deux petits Tziganes, tellement leur figure est fine et expressive; leurs cheveux flottent en longues mèches noires; ils sont vêtus d'une chemise déguenillée et incomplète, et le large pantalon croate descend comme une jupe jusqu'à la cheville de leurs pieds nus.

Les femmes étaient si nombreuses que la tente de feuillage élevée au centre de la place, en face de la fontaine, semblait entourée d'un mur fraîchement blanchi à la chaux. Il y avait là quelques têtes de jeunes filles qui eussent été dignes de prendre place dans les tableaux des maîtres de l'école vénitienne. Leur doux visage, leurs joues veloutées et brillantes comme la pêche mûre, leurs yeux bleus aux paupières frangées de longs cils, respiraient une candeur de madone.

La Croate a les traits fins, les attaches souples, la bouche colorée, le teint mat quand il n'est pas encore brûlé par le soleil, le nez régulier, le visage allongé. Un sourire d'une mélancolique tendresse adoucit ce qu'il y a de triste dans la physionomie générale. Mais nulle part la beauté et la jeunesse ne semblent plus fragiles et ne se flétrissent plus vite. A peine mariée, la jeune fille est une fleur fanée. En s'associant à l'homme, elle prend des travaux en commun la charge la plus lourde; elle descend à l'humble rang de domestique et de servante. C'est elle seule qui porte les fardeaux, qui fait les plus rudes et les plus grossiers ouvrages; elle mange dans l'assiette de son mari en se tenant debout derrière lui, elle le sert à table comme un maître redouté et ne boit que lorsque celui-ci lui offre son propre verre.

Obéir et se taire, travailler et souffrir, telle semble être la destinée de la femme dans la province de la Yougo-Slavie.

« La maison, dit un proverbe commun aux Slaves du sud, menace ruine quand la quenouille commande et le glaive obéit. » — « Les femmes, dit un autre proverbe, ont les cheveux longs et le jugement court: elles sont l'herbe, les hommes sont le blé. »

Interrogez, par exemple, un Monténégrin sur le sexe de son enfant: si c'est une fille, il vous répondra d'un ton honteux et plein de dépit: « Pardonnez-moi, ce n'est qu'une fille. »

La naissance d'une fille est regardée comme une calamité, un châtiment du ciel, chez tous les Slaves du sud.

Dans la capitale de l'Herzégovine, à Cettigne, où règne cependant un prince élevé à Paris, quand un étranger entre dans une maison, les femmes viennent humblement lui baiser la main. L'homme s'est fait la part du lion; une malheureuse femme, hors d'elle-même, menace-t-elle son mari, les lois monténégrines la punissent de mort. Qu'un homme ne soit pas satisfait de son mariage, la loi l'autorise à renvoyer sa femme. Une femme qui vole son mari est punie de la prison pour la première fois; s'il y a récidive, on lui donne la bastonnade; son mari peut se séparer d'elle, mais elle n'a pas le droit de se remarier. — Quand il y a des garçons, les filles n'ont aucun droit à l'héritage paternel.

Comme je flânais au milieu de la foule, tout à coup les airs d'une joyeuse fanfare retentirent à l'extrémité de la place. Il y eut parmi les curieux un brusque mouvement de flux et de reflux, je me sentis enlevé par le flot. Je vis alors défiler le cortège de la fête : derrière la musique marchait la société de gymnastique des « Sokoli (1) », puis venaient diverses sociétés de chant, les autorités municipales, le corps des sapeurs-pompiers et les ingénieurs.

Le ban arriva ensuite dans son équipage de féerie, comme le Chat-Botté, avec des laquais devant et derrière, un cocher poudré, emplumé, galonné, botté et éperonné; le général de place vint aussi en voiture, et l'éloquence coula sous la tente de verdure, en flots si pressés et si abondants que la fontaine en eut de l'eau à la bouche et, n'y tenant plus, jaillit en belles gerbes qui retombèrent en volutes et en spirales, au milieu des applaudissements et des bravos de tout le monde.

UN « GUSLAR ».

La musique joua de nouveau; le ban et le commandant de la place remontèrent en calèche et le cortège s'en retourna en traversant la place dans toute sa longueur, à la grande joie des paysannes, qui ouvraient de grands yeux étonnés à la vue des Sokoli, vêtus d'une chemise rouge et coiffés d'un feutre mou à l'aile relevée et ornée d'une plume de faucon, l'oiseau symbolique des Slaves. Un dolman gris suspendu sur l'épaule par une cordelière et des pantalons gris de fer complétaient le costume de ces jeunes gens.

L'après-midi, la population bourgeoise d'Agram envahit les jardins-brasseries de la ville et de la banlieue; réunies sous les arbres d'une gostina, les familles dégustent à frais communs la bière viennoise, dans de grands brocs portant de larges faux cols de mousse blanche.

Quelle guirlande de figures épanouies, heureuses, rieuses ou rêveuses, de têtes blondes et de têtes grises, — de jeunes muguets et d'épis penchés, autour de ces longues tables vertes, placées sous les arbres ou à l'ombre d'une charmille! Ici, un vieux couple retrouve au fond du verre le souvenir des jeunes années et semble remonter en souriant le flot du passé sur les mélodies berceuses des anciens airs. Plus loin, des officiers, les mains appuyées sur la garde de leur sabre, regardent autour d'eux, le cou tendu et immobile comme celui d'une girafe. Au fond du jardin, soule-

(1) Jeunes faucons.

vant par un geste délicieux le rideau de chèvrefeuille d'une tonnelle, des jeunes filles, en robe de mousseline, se penchent pour voir toute une bande de commis endimanchés qui arrivent en se dandinant, le pommeau de leur badine aux lèvres.

Ces brasseries champêtres, remplies de parfums de fleurs et de fumets de rôtis, émaillées de bonnes d'enfants et de guerriers dé-

BRASSERIE CHAMPÊTRE A AGRAM.

pouillés de leur sabre, peuplées de bons bourgeois qui ont leur habit et leur figure du dimanche, offrent des tableaux d'une diversité et d'une animation très amusantes. La population de la ville tout entière se mêle ici sans distinction de classe, de rang, de fortune, de profession et de métier, de nationalité ou de caste, — dans le même besoin de gaieté hebdomadaire et dans l'étanchement de la même soif dominicale, criant d'une voix commune aux sommeliers et aux sommelières, comme dans les vieux mélodrames : « A boyre, pages, à boyre, la langue me pèle faute d'humidité! »

On se croirait dans l'Allemagne du Sud; mais Méphistophélès serait fort embarrassé de répéter ici ce qu'il disait à Faust en lui montrant les étudiants dans la taverne de Leipzig : « Encore une minute d'attention, et tu vas voir la bestialité dans toute sa candeur. »

Pendant tout le temps de mon séjour à Agram, je n'ai rencontré ni un ivrogne ni un mendiant. J'étais dans le pays de l'imprévu. Le lendemain, lundi, j'avais la surprise d'un marché aux bestiaux, qui avait attiré dans la capitale croate tous les paysans des environs et tous les juifs du pays. Quelle occasion plus favorable de passer en revue les types et les costumes? Arriver dans une ville un jour de marché ou de foire, ou dans un village un dimanche ou un jour de fête, c'est une des bonnes fortunes qui sèment de roses le chemin du voyageur et mettent des sourires et des rayons tout autour de lui.

Avant d'aller sur la place du marché, je me rendis chez un jeune peintre croate dont j'avais fait la connaissance la veille. Ma visite avait un but intéressé : j'espérais décider M. Quiquerez à m'accompagner, et obtenir de lui des renseignements qui m'aidassent à bien saisir le caractère du pays et celui des habitants.

Je le trouvai travaillant à une esquisse d'un tableau historique dans un atelier décoré avec un goût parfait. Nous causâmes de longs moments. L'heure s'avançait : je fis part à M. Quiquerez de mon intention d'aller voir la foire.

— Mais je vais vous accompagner, me dit-il.

Deux minutes après, nous étions dans la Marovska-Illica, large rue bordée d'un côté de grandes constructions modernes, et de l'autre de maisons basses et si petites qu'elles pourraient tenir dans une boîte à jouets de Nuremberg. D'un caractère primitif, percées de deux fenêtres seulement, elles sont restées ce qu'elles étaient alors qu'Agram était une forteresse chrétienne opposée à l'envahissement des Turcs et que les maisons devaient en quelque sorte se pelotonner et s'accroupir derrière les remparts.

Dans cette rue l'animation est extrême.

A chaque pas nous étions arrêtés par des attelages que conduisait un cocher à cheval, aux culottes bouffantes, coiffé d'un petit chapeau chamarré de plumes multicolores; par des troupeaux de bœufs, de vaches et de moutons; par des bandes de porcs qu'un paysan chassait devant lui, le fouet à la main, la pipe à la bouche, son parapluie rouge sous le bras; en tête, une truie, laissant pendre jusqu'à terre la dentelle de ses mamelles, marchait en grognant, environnée de sa progéniture en robe de soies roses, aux petits pieds chaussés de bas blancs tachetés de noir. Plus loin, c'était une femme à la chemise relevée sur les jambes, et qui suivait, armée d'une grande gaule, une procession d'oies dressant leur cou de serpent et sonnant de la trompette.

Au bout de la rue, nous nous arrêtâmes devant une auberge

fort originale, qui avait conservé presque intacte sa vieille apparence rustique, et dont la cour était encombrée d'un curieux assemblage de chars, de chariots, de véhicules divers, les brancards en l'air, dressés comme une forêt de mâts. Les écuries s'allongeaient à gauche : on voyait par leurs portes ouvertes une longue file de chevaux agitant leur queue en guise de chasse-mouches. Des palefreniers nu-tête et nu-pieds, les manches de la chemise relevées sur leurs bras poilus, aux veines saillantes ; les pantalons retroussés au-dessus du genou, entassaient avec des fourches du fumier fumant. Les chevaux qui n'avaient pu trouver place dans les écuries étaient attachés par le licou aux ridelles des chars et mangeaient du foin. Les bœufs s'étaient couchés et ruminaient devant les débris d'un tas de feuilles de maïs vertes. Des poules picoraient autour d'eux, tandis que des pigeons plus timides allaient et venaient d'un air impatient le long du toit, couvant d'un œil glouton les grains de blé répandus aux pieds des chevaux. Au milieu de la cour s'élevait un puits à roue de bois, surmonté d'un auvent à l'ombre duquel, assises sur un vieux bassin creusé dans le tronc d'un chêne, de jeunes paysannes mangeaient du pain et du fromage de brebis, tandis qu'une jeune mère donnait le sein à un enfant qu'elle portait dans une pièce de toile nouée autour de ses épaules.

Un peu plus loin, annonçant le voisinage de la foire, se dressaient à la queue leu leu des baraques échafaudées en une nuit, des voitures peintes en vert ayant un escalier orné de pots de fleurs et conduisant dans l'antre de planches de quelque sibylle tzigane. On voyait aussi là une ménagerie composée de deux singes, de trois perroquets et d'une baleine empaillée ; un tir au pistolet, une femme géante, en robe de mousseline bleue, la taille entourée d'une ceinture en filigrane d'argent aux agrafes dorées, la tête surmontée d'un diadème de plumes de paon, les épaules couvertes d'une palatine en peau de lapin. Groupés devant un panorama, des paysans et des paysannes prenaient un plaisir d'enfant à regarder tourner sur un orgue de petites marionnettes en papier mâché, les hommes en habit noir, les dames en crinoline et en gants blancs avec des éventails roses.

Pas de parade, pas de boniments excentriques émaillés de mots gras, relevés de gros sel ; pas d'oripeaux tragiques, d'empereurs romains drapés dans leur toge et culottant leur pipe, de paillasses en maillot de couleur chair ruisselant de paillettes et s'escrimant dans les lazzi et les gaudrioles. Rien de notre blague latine et du joyeux et tintamarresque tapage de nos exhibitions foraines. Les Slaves semblent s'amuser à froid, en dedans.

Le courant de la foule nous entraîna vers une immense place qu'encombrait une cohue de gens qui criaient, juraient, gesticulaient, et d'animaux qui beuglaient, mugissaient et grognaient ; c'était une de ces places de foire comme Breughel sut si bien les peindre. Les couleurs des costumes faisaient autant de tapage que le tumulte des voix de tous ces gens qui s'escrimaient dans des duels d'intérêts. Sur le côté gauche de la place, on voyait des centaines de chevaux : juments pacifiques avec leurs poulains cabriolants et espiègles comme de jeunes chèvres, étalons fougueux, à l'œil étincelant, hennissant en secouant avec orgueil leur noire crinière. Devant un groupe de maquignons juifs à barbiche rousse, des paysans armés de fouets faisant courir des rosses presque grises.

ENTRÉE D'UN CLAN.

La race chevaline croate a des qualités de force et de résistance qui la font rechercher. Dans la vallée de la Mur et de la Drave, on élève des chevaux de race hongroise, et le commerce des poulains est considérable.

Le long de la frontière turque et surtout dans les Confins militaires supérieurs, on trouve la petite race d'origine barbe, tout à fait appropriée à ces contrées âpres et rocheuses. Les haras de Belovar et des anciens régiments de Brod et de Gradisca fournissent d'excellents chevaux pour la remonte de la cavalerie.

Sur le côté droit de la place, une vaste ondulation de croupes brunes et blanches ressemblait à des vagues frangées d'écume : c'étaient des milliers de vaches, de bœufs ou de moutons couchés ou debout, allant et venant, seuls, accouplés ou en caravane. Les agneaux appelaient leur mère, dont on les avait séparés; des bergers à demi sauvages, à la chevelure inculte, vêtus d'un manteau et d'une chemise en lambeaux frottée de suif, la tête surmontée d'un bonnet en peau de mouton, les jambes enveloppées de bandelettes, se tenaient çà et là dans une immobilité de statue, appuyés sur leur long bâton. Au loin on entendait des troupeaux d'oies qui semblaient sonner du clairon comme celles du Capitole, et des canards qui criaient comme des tuyaux d'orgue détraqués.

UN MENDIANT.

Nous passâmes devant une longue file de paysannes se tenant derrière des sacs ouverts, remplis de semence de lin, de chanvre, de colza. Le lin et le chanvre se cultivent uniquement pour les besoins domestiques, car c'est la femme qui, dans ces provinces, confectionne tous les vêtements de la famille. Sur les bords de la

Save et dans les Confins militaires, les femmes tissent des tapis aussi merveilleux que les tapis turcs et brodent des serviettes qui épanouissent leurs fleurs à jour, aux feuilles d'or et aux pétales de soie.

Sur des chars très bas, dont les bœufs dételés étaient voluptueusement couchés dans la boue, des femmes toutes blanches dans leur chemise aux manches bouffantes et serrée à la taille par une ceinture rouge débitaient de longues chaînes d'oignons pareilles à des guirlandes de gros boutons de roses.

Nous descendîmes une petite rampe, et nous nous trouvâmes dans la partie la plus pittoresque de la foire, la seule qui nous intéressât en réalité.

Des cantines en planches grossières et des guinguettes installées sous des tonnelles faites de branches d'arbres s'étendaient comme l'aile inachevée d'une rue et s'ouvraient sur une vaste prairie bariolée d'énormes parasols de couleur, sous lesquels s'abritaient des marchandes de *slivovitza*, drapées dans de grandes dalmatiques ramagées de broderies rouges et d'arabesques voyantes. Des vases d'une forme étrange, pleins d'un liquide brun qui représentait de la soupe, étaient placés sur des foyers improvisés, en terre glaise. Un peu plus loin s'agitait toute une armée de cuisiniers et de bouchers ambulants. Tandis que ceux-ci égorgeaient les bêtes vivantes, ceux-là surveillaient la cuisson des moutons et des cochons empalés dans un pieu, que des gamins loués à la journée tournaient au-dessus des feux ardents qu'entretenaient des femmes; des générations entières de jeunes porcs, pleins de vie et d'espérance, futurs lauréats d'un concours agricole, étaient arrachés ainsi aux joies de l'existence.

Quand l'animal était cuit à point, que sa graisse le revêtait d'une belle cuirasse dorée et appétissante, le cuisinier l'enlevait, le déposait sur une planchette et le découpait avec une hache. Les paysans accouraient alors en jouant des coudes pour se disputer les morceaux; ils se cotisaient pour acheter un gigot ou une épaule; en un clin d'œil, ce rôti de 150 kilos avait disparu, et les cantines d'alentour se remplissaient subitement de bruits de mâchoires et de chocs de verres, tant il y avait de monde qui dévorait de la viande à belles dents, sans couteau ni fourchette, sur le pouce.

Les plus raffinés mangeaient des morceaux de filet de porc cuits à la brochette devant un feu très vif. M. Quiquerez alla chercher une de ces grillades, et, découpant une assiette dans notre pain, nous nous mîmes à déjeuner à l'exemple de nos voisins, et avec autant d'appétit. On appelle, en langue du pays, ces morceaux de porc empalés dans une aiguille de bois, des « rôtis de Tziganes ». C'est une des meilleures et des plus succulentes choses que j'aie mangées dans mon voyage. Tout le temps que dura la foire d'Agram, je vins régulièrement prendre mes repas dans ces guinguettes populaires, au milieu des paysans et des paysannes, des gens du peuple et des soldats.

Tandis que M. Quiquerez dessinait dans mon album de curieux croquis, j'essayais d'entamer des conversations avec les petits vendeurs de *svira* qui rôdaient autour de nous. Les svira sont des flûtes ou flageolets à sept trous et à deux branches, qui se jouent avec les deux mains. Tout pâtre croate porte une svira à sa ceinture. Les troupeaux sont habitués à marcher aux sons de cette lente et mélancolique musique.

Le soir, le spectacle de cette partie du champ était particulièrement gai et animé. Les flammes des cuisines en plein vent dansaient des sarabandes de feux follets; les porcs et les moutons qui tournaient lentement, à demi cachés par la fumée, sous la surveillance de vieilles femmes à profil de sorcière, prenaient un aspect d'enfants à la broche; des silhouettes fantastiques, enveloppées dans de longues dalmatiques aux plis raides ou serrées dans une pelisse, s'agitaient au milieu de la nuit pailletée d'étincelles. On apercevait vaguement, à demi noyées dans la pénombre, des esquisses grossières et mal ébauchées d'attelages endormis, et au delà du champ de foire, au milieu d'un pré que la lune glaçait d'argent, reluisaient sur leurs affûts les canons fauves d'un parc d'artillerie destiné à la guerre de Bosnie.

Les cabarets improvisés étaient pleins de gens de la ville. Des familles d'employés et de petits artisans dévoraient des côtelettes de mouton dont la graisse se figeait à leurs doigts ou étoilait la table de taches de suif.

Devant les tentes de feuillage régnait une animation de fête, et l'on dansait le *kolo*.

Le kolo est la danse nationale des Slaves, comme la *czarda* (schardach) est la danse nationale des Hongrois.

Le mot « kolo » signifie roue, c'est-à-dire ronde. On exécute cette danse en rond; au milieu du cercle se tient un joueur de cornemuse (*gaidé*) ou de flageolet. Les deux sexes se mêlent librement, en se tenant soit par la main, soit à l'aide d'un mouchoir lié à la taille de la jeune fille. Quelquefois un des danseurs va poser un coussin devant une des danseuses pour lui demander un baiser; quand le baiser est accordé, la jeune fille prend le coussin et va le placer à son tour devant un des danseurs. Le kolo n'a ni la fougue ni la gaieté des czardas; c'est un ensemble de pas divers et qui ne serait même qu'un simple mouvement assez monotone d'avance et de recul, si les danseurs et les danseuses ne l'animaient en chantant des rondes comme les enfants de chez nous. La plupart de ces chansons sont improvisées; il faut voir alors le jeu de physionomie des chanteurs, les regards qu'ils jettent à leurs danseuses et les attitudes espiègles et coquettes que savent prendre celles-ci.

Presque toutes ces chansons populaires arment d'une pointe

ironique leur couplet final, comme un éclat de rire argentin traverse tout à coup le recueillement de la forêt; c'est la griffe qui sort de la patte de velours, c'est l'aiguillon de l'abeille.

Le Croate, comme le Serbe, a l'habitude de chanter en travaillant; mais c'est surtout pendant la « moba » que dans les campagnes on chante du matin au soir, et souvent du soir au matin.

La « moba » est une sorte de fête champêtre durant laquelle on ne peut travailler ni pour soi ni pour de l'argent, et qu'on célèbre en travaillant gratuitement pour les autres. Quand celui qu'on aide dans ses travaux est riche, le soir, au retour des champs, on

UN COIN DE LA PLACE JELLACHICH.

se réunit autour d'un joyeux festin et l'on chante et l'on danse jusqu'à l'aube.

Et en automne, à l'époque du maïs, que de musique et de chansons aussi dans les airs! Sur les grands tas de blé de Turquie, les moissonneuses dans leur long vêtement flottant se détachent comme de blanches prêtresses, et élevant leur faucille d'un geste d'ensemble, elles entonnent des chœurs d'un effet saisissant. Le soir, le gospodar (maître de la maison) leur fait verser du vin, et le kolo noue aux refrains de chansons nouvelles sa chaîne souple et gracieuse.

Ces chansons sont la plupart du temps improvisées. « Là où se trouve une femme slavonne, a dit un poète du pays, on entend chanter. » Les femmes sont en effet douées d'un sentiment poétique très prononcé. Ces chansons qu'elles improvisent comme l'oiseau, pendant la moisson, ou le soir, en revenant des champs, dans leurs fêtes ou leurs réunions, à l'occasion des baptêmes, des mariages ou de la mort, dans toutes leurs solennités domestiques, sont des modèles de poésie lyrique. On dirait qu'elles ont été composées par des poètes grecs, par quelque Anacréon rustique dont « les vers sont doux comme le nectar », ou par des imitateurs de Lucile et de Nicarque, les spirituels poètes des épigrammes comiques.

Les poésies populaires slaves se divisent en poésies domestiques ou féminines, qui se chantent ordinairement à deux voix, avec

LE « KOLO ».

des reprises en chœur, et en chants héroïques que les hommes déclament en s'accompagnant de la *gusla*, comme les Hébreux s'accompagnaient de la harpe.

Autrefois, chaque commune, et même chaque famille un peu aisée, avait son *guslar* — son joueur de gusla — pour égayer les réunions et les festins. En Serbie et dans le Monténégro, on voit encore la gusla suspendue, dans chaque hutte, à la place d'honneur, à côté du fusil et du yatagan pris aux Turcs. Ce n'est qu'en Slavonie et en Syrmie qu'on rencontre de pauvres aveugles qui s'en vont, à l'exemple d'Homère, chanter leurs rapsodies le long des chemins, en demandant l'aumône.

Autour du vieux guslar se pressent des auditeurs attentifs dont le cercle grandit sans cesse; et sans cesse le chanteur est invité à recommencer ses chants. La sueur inonde son front et coule sur ses joues maigres et bronzées. Ses yeux, voilés d'une pellicule blanchâtre, font face au soleil, dont ils n'ont pas à redouter l'éclat. Le guslar n'a jamais vu ni le ciel, ni la terre, ni les hommes, et ses chants ne sont pas nés des nuages qui passent, des sources qui bondissent à travers les hautes herbes en murmurant dans le mystère des bois; aussi ses rapsodies ne parlent que de luttes héroïques, de combats singuliers entre Turcs et chrétiens.

En Croatie et en Syrmie, naître aveugle, c'est naître guslar, c'est-à-dire rapsode.

Comme la profession ne consiste pas seulement aujourd'hui à redire les vieilles piesmas héroïques, mais aussi à composer des chants nouveaux, surtout des chansons de circonstance, on s'y prend de bonne heure pour développer le sentiment poétique du jeune aveugle; à dix ans, on lui achète une gusla, on le conduit le matin dans la forêt voisine, et on l'y laisse jusqu'au soir, au pied d'un sapin, assis sur la mousse. L'enfant écoute le murmure mélancolique du vent dans les branches, les rumeurs vagues qui sillonnent la profondeur des bois, les chants des oiseaux, le bruissements des feuilles et des insectes; puis, bientôt pénétré de la grande poésie de la nature, il s'étudie à reproduire sur sa gusla tous ces bruits harmonieux, pleins de poésie et de mystère. Enfin, quand il sait faire vibrer sous son archet des sons qui remuent l'âme et font rêver le cœur, on le mène à l'entrée d'un bourg ou d'une ville, à côté d'un vrai guslar, de qui il apprend alors, les vieilles rapsodies héroïques, en l'écoutant à son aise. S'il a bonne mémoire, le voilà, au bout de l'année, guslar à son tour; et désormais il gagnera sa vie en allant de marché en marché et de village en village, chanter les fastes glorieux de la patrie, les hauts faits des ancêtres, les combats héroïques contre l'ennemi héréditaire, ballades de la plaine et de la montagne, du laboureur et du brigand; et il improvisera aussi pour les festins de noce et de baptême des chansons satiriques qui enrichiront le répertoire des jeunes filles du village.

*
* *

Malgré les lois votées en 1871 par la Diète d'Agram, lois en vertu desquelles la vente des biens indivis et la dissolution de la communauté sont permises, la plupart des paysans croates et serbes (1) sont restés fidèles à l'ancienne coutume de leurs pères de vivre groupés autour d'un chef et du même foyer : « Plusieurs

(1) Les Croates et les Serbes sont les deux rameaux d'un seul peuple; ils parlent la même langue; il n'y a donc pas de différence de nationalité entre eux. (V. T.)

mains, disent-ils, produisent plus qu'une seule, et il n'y a que les forces unies qui puissent fonder de solides maisons. »

J'ai retrouvé parmi eux le tableau de la vie patriarcale, telle que nous la décrit la Bible ; au lieu d'être logés sous des tentes, ils habitent des huttes d'argile groupées autour de celle du patriarche : voilà la seule différence.

Le clan est entouré d'une clôture de branches entrelacées. Vu à distance, il ressemble à un vaste campement. On rencontre encore des clans qui forment de véritables villages et qui possèdent plusieurs centaines de chevaux.

La *Zadrouga* — c'est le nom que les Slaves du sud donnent à ces clans — est constituée sur les mêmes bases que l'ancienne tribu ; c'est une sorte d'association coopérative pour l'exploitation d'un fonds commun et indivis. Les biens (ordinairement 15 à 23 hectares) sont possédés et cultivés en commun. Le gain réalisé est versé presque entièrement dans la caisse de la famille. Le chef est le gérant de la société, le maître de la communauté : on l'appelle *starechina* (ancien) chez les Serbes et *gospodar*, c'est-à-dire maître, chez les Croates.

Nous entrâmes dans le clan Borovèz en franchissant, au moyen d'une petite échelle servant d'escalier, la clôture qui l'entoure. Aussitôt les enfants qui jouaient tout nus parmi les poules, les canards et les cochons se sauvèrent en poussant des cris d'effroi ; et les poules, les canards, les cochons s'enfuirent à leur tour : ceux-ci les oreilles droites et la queue en trompette, ceux-là les ailes ouvertes et effarées, poussant des cris moins sauvages que les enfants. Les chevaux qui paissaient sous les arbres prirent peur de toute cette peur et se mirent à gambader en ruant comme si une bande de loups eût fait invasion dans la Zadrouga. Les canards, qui avaient montré une bravoure antique, sentirent tout à coup leur cœur faiblir et se jetèrent, en proie à une panique des plus amusantes, dans une mare boueuse entretenue à ce moment par l'eau du puits.

La partie de la Croatie que nous traversions était belle et fraîche comme les vallons de la verte Gruyère. On appelle cette gracieuse contrée la Suisse croate. Mais c'est une Suisse calme et tranquille, sans les grandes émotions alpestres, une Suisse d'une physionomie gaie, ouverte, souriante. À l'horizon, pas de cime neigeuse dressant son turban argenté, pas de grandes murailles de granit qui semblent soutenir la voûte cristalline du ciel. Par contre, des collines douces, fleurantes bondissant sagement comme celles que l'Écriture compare aux agneaux dociles : toutes les grâces d'une nature rustique et coquette couronnée de blé et de fleurs, avec une verte ceinture de prairies et une écharpe de ruisseaux d'argent.

Les forêts de sapin y sont remplacées par de véritables forêts de maïs qui dressent jusque sur les mamelons et les collines leurs hampes, hautes de deux à trois mètres, derrière lesquelles un cavalier peut marcher sans être vu. Des églises blanches se montrent çà et là sur des piédestaux de verdure. Dans la plaine, des champs de blé se déroulent, d'une majesté royale; d'autres sont cernés par des détachements de faucheurs et de moissonneuses. A l'ombre d'un groupe de chênes géants, on aperçoit les toits pointus d'une Zadrouga. Près d'un pont à l'arche disjointe que tapissent les mousses étoilées de petites fleurettes, une jeune fille se tient debout sur le tronc renversé d'un arbre mort, et deux bonnes vaches lèchent de leur langue rose ses pieds bruns, hâlés par le soleil. Un peu plus loin, notre cocher fit signe à une gardeuse d'oies, qui se tenait dans le voisinage d'une citerne, de nous apporter de l'eau. Elle noua une ficelle autour du col de la cruche, la laissa glisser au fond du puits et plaçant gracieusement son vase rempli sur son épaule, elle vint, comme Rebecca, nous donner à boire.

La route s'allongeait si blanche et si brillante qu'elle ressemblait à un long ruban de satin déroulé au soleil.

Nous rencontrâmes le plus beau mendiant que nous ayons jamais vu. C'était une loque vivante avec sa chemise déchirée, ses pantalons que des ficelles tenaient ensemble, ses chaussures faites d'un morceau de cuir attaché autour de son pied. Sa chevelure inculte flottait au vent; d'une main il tenait un chapeau aux ailes racornies; de l'autre, il s'appuyait sur un long bâton; et un âne pelé, galeux, à moitié mort, traînait son lamentable équipage.

Un orchestre qui jouait sous les arbres d'un parc nous annonça enfin que nous étions à Krapina, un des bains les plus célèbres de la Croatie.

Victor Tissot.

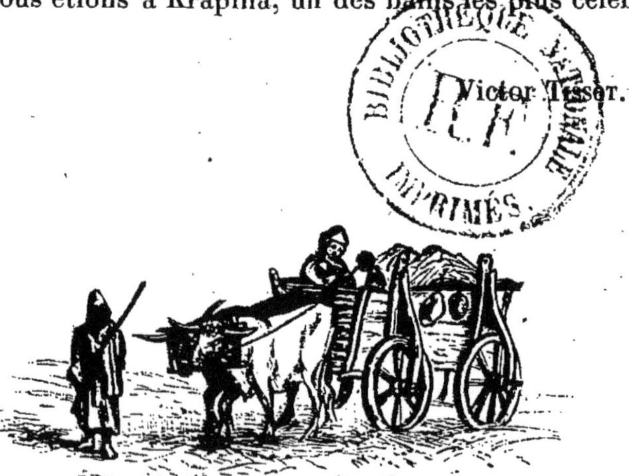

EN ROUTE POUR LA FOIRE D'AGRAM.

www.ingramcontent.com/pod-product-compliance
Ingram Content Group UK Ltd.
Pitfield, Milton Keynes, MK11 3LW, UK
UKHW012307240726
13966UKWH00004B/1695